FÊTES EN ACROSTICHES

Nos fêtes laïques, chrétiennes, musulmanes ou juives.

Du même Auteur :

Algérie : des histoires presque vraies ! BoD – 2020

ISBN : 9782322241804

© 2021 GéLamBre (GÉrard LAMbert BREtagne)
Tous droits de reproduction, d'adaptation et de traduction,
intégrale ou partielle réservés pour tous pays.

Édition : BoD – (Books on Demand)
12/14 rond-point des Champs-Élysées
75008 Paris

Impression : BoD - (Books on Demand)
Norderstedt, Allemagne

ISBN : 9782322173488

Dépôt légal : Mai 2021

FÊTES EN ACROSTICHES

Nos fêtes laïques, chrétiennes, musulmanes ou juives.

Gérard LAMBERT

M E R C I (Acrostiche)

Merci à mes parents qui m'ont donné une ouverture d'esprit

Et qui m'ont laissé découvrir d'autres Cultures.

Remerciements aux gens discrets, croyants ou incroyants,

Chrétiens, Musulmans, Juifs, Bouddhistes, pratiquants ou non.

Intentions pour ceux et celles qui n'ont pas l'unique Vérité.

PRÉFACE

Il est des personnes qui ne savent pas ce que faire pendant leur retraite ; ils s'ennuient tous les jours et aucune proposition d'activités ne les emballe. D'autres, au contraire, ont une imagination bouillonnante, les rendant actifs et créateurs.

Je crois que Gérard LAMBERT se retrouve bien dans cette deuxième catégorie. Ayant été nommé Curé de CHÂTEAUBOURG en 1986, j'ai fait la connaissance de Gérard qui était alors Directeur de l'école primaire Saint Joseph.

Rapidement, Gérard apprit que, comme lui, j'avais fait mon service militaire en Algérie... que, comme lui, j'avais fait l'école aux enfants algériens... et que, comme lui, j'en gardais d'excellents souvenirs. Gérard m'a donc mis au courant de ses années de coopération en Algérie, de ses relations avec des anciens élèves et avec des familles algériennes. Dans nos conversations, je repérais les faits et les expressions qui marquaient sa proximité avec la population. En 2002, il a entrepris de retourner sur place et a été reçu en véritable ami. Voilà l'origine du recueil de Nouvelles qu'il a édité en 2020 : " *ALGÉRIE : des histoires... presque vraies !*"

Je suis retourné moi-même en Algérie entre les années 1973-1977, à la demande de l'Évêque d'Alger, qui cherchait des prêtres pour accompagner les communautés religieuses et les Européens qui étaient encore nombreux en tant que professeurs, médecins, techniciens agricoles. Et j'ai ressenti le même accueil que Gérard de la part des Musulmans.

Aussi, à mon retour à Rennes, mon Évêque, le Cardinal GOUYON me demanda de rentrer dans l'équipe de réflexion et d'action appelée *"Pastorale des Migrants"* chargée des relations avec l'Islam. Établir des relations avec des Musulmans permet de mieux les connaître, de mieux comprendre nos différences, d'agir ensemble pour la paix entre les peuples, de supprimer un certain racisme. Notre Pape François insiste beaucoup pour établir le dialogue inter-religieux.

Et dans ce second ouvrage, je découvre les textes que Gérard a écrits sur les religions en général, sous forme de poèmes, de prières, de courts récits et tout cela en acrostiches. Son passé professionnel d'Instituteur explique son talent pour confectionner ces petites merveilles.

Je souhaite aux lectrices et lecteurs de ces textes de les lire avec plaisir et de les savourer.

Père Joseph

CORDÉ

Claude MONNET : La rue Montorgueil (1878)
Musée d'Orsay (Paris)

FÊTES LAÏQUES :

	Page :
Nouvel an : 1er jour du calendrier universel. *(Adopté au 16ème siècle dans les pays catholiques, au 18ème dans les pays protestants et ailleurs au 20ème)*	15
Mardi gras : Carnaval. *(Dernier jour avant le Carême)*	16
Le Printemps : Équinoxe. *(Durée du jour = durée de la nuit)*	18
1er Mai : Fête des Travailleurs. *(Aux USA depuis 1866) (En France depuis 1947)*	20
8 Mai : Fête de la Victoire de 1945	23
Fête des Mères. *(En France, depuis 1918)*	25
14 Juillet : Fête Nationale. *(1ère fois en 1790)*	27
11 Novembre : Commémoration de l'Armistice de 1918.	23

MEILLEURS VOEUX.

Merveilles

Encouragements

Imagination

Loisirs

Liberté

Etudes

Utopie

Repos

Sourire

Vérité

Orchidée

Enchantement

Unanimité

Xylophone

MARDI-GRAS, UN DERNIER VRAI REPAS.

Mercredi, c'est Carême
Aujourd'hui, vive la bohème !
Rions des déguisements
Du maître incontinent.
Il dit avoir cinq "z" ans.

Gras sont les repas :
Rillettes et cervelas,
Assiettes de beignets,
Sucre et graisse en excès !

Un masque sur la face,
Nous faisons des grimaces.

Demain, il faut jeûner
Et de viande, se priver.
Rien que d'y penser,
Nous allons nous goinfrer !
Il suffit de s'inviter
Et chez les gens aisés,
Rayonner… et parodier.

Voilà des crêpes au beurre.
Restons de bonne humeur.
Au revoir, le boucher :
Il a de longs congés.

Rentrons dans cette masure
Enfumée par la friture.
Personne n'échappe à cette fête
A l'envers… Vous en êtes :
Singez donc les bêtes !

GéLamBre 2003

Carnaval de La Martinique (Photo Henri SALMON)

LE PRINTEMPS DES GENÊTS

Les paysans attendaient que le temps soit beau,
Et du genêt, ils avaient fait le symbole du renouveau.

Pendant de longs mois, la nature s'était assoupie.
Rien n'arrête les saisons ; vive le printemps fleuri !
Il est là dans les jardins, les haies et les prairies,
Notoire, coloré, peuplé de joyeux gazouillis.
Tout manifeste un prompt retour de la vie :
Eclosions, naissances, migrations, levée des semis,
Magnificence des primevères, des genêts, des tamaris.
"Primavera", premier temps pour sortir de l'oubli
Slimane Azem, René-Guy Cadou, Mouloud Mammeri,
…

Détruit par l'incendie, le gracile genêt
En étonne plus d'un lorsque la vie renaît.
Ses graines ont résisté ; les jeunes poussent d'un trait.

Garrottées par le pouvoir, les cultures minoritaires
Etouffent sous des restrictions arbitraires.
Néanmoins, où qu'ils soient, Bretons et Berbères
Echangent dans une langue dont ils sont fiers.
Toutes les expressions, même les moins universitaires,
Sont un frein à l'uniformisation planétaire.

GéLamBre 2003

Bouquet de Genêts
Tableau de M. SEROT à Quiberon (56 - France)

DE LA PAUVRETÉ À LA MISÈRE

Djamel Guesni, sur les planches,
Est le Petit Pauvre d'Assise.

"*La Pauvreté est une vertu.*"
Ainsi, la vivait Saint-François. [1]

"*Pauvreté : manque du superflu.*"
Aurait dit Saint Thomas d'Aquin.
"*Une femme vient de mourir gelée. Au secours !* "
Voilà l'appel lancé le 1er février 1954 par l'Abbé Pierre.
Rien d'éphémère dans cette "*Insurrection de la bonté*"
Et aujourd'hui, il réclame à nouveau notre solidarité.
Tout être humain doit, avant tout, être notre prochain
Et nous devons éviter qu'il devienne un assisté !

A la pauvreté, s'est substituée la misère.

L'économie a pris la place de Dieu.
A la frugalité, nous préférons la débauche.

"*Misère : manque du nécessaire.*" [2]
Impossible d'échapper à la déchéance :
Ses victimes sont brisées corps et âmes
Et elles sont souvent reléguées loin de notre regard.
Redonnons-leur un minimum de dignité
Et unissons-nous pour le respect des droits humains. [3]

GéLamBre 1er février 2004

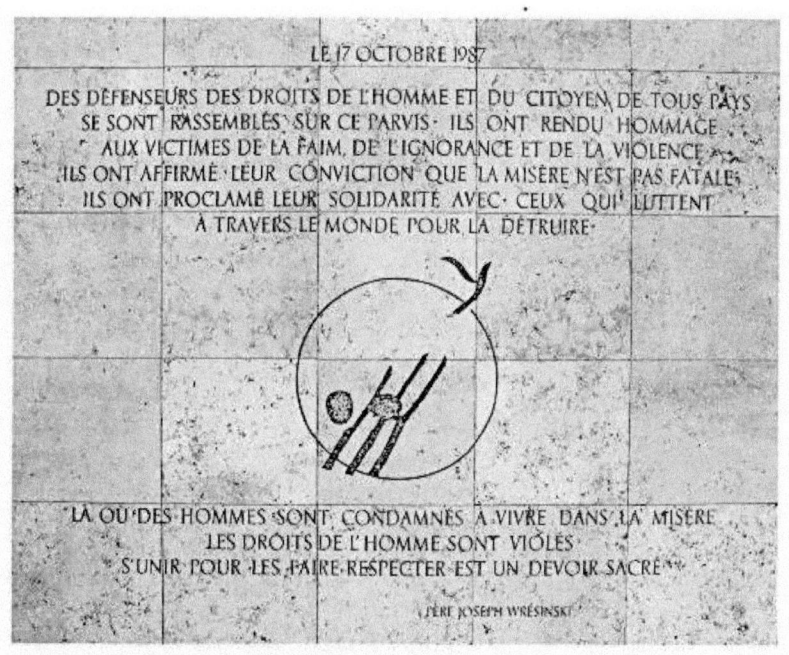

Plaque ATD Quart-Monde
Dalle du Trocadéro (Paris 16ème)

1 : Saint-François d'Assise (~1182/1226)
2 : Définition de Saint-Thomas d'Aquin (1225/1274)
3 : Référence à l'inscription sur la Dalle du Trocadéro scellée en 1987 par ATD Quart-Monde.

Musée Carnavalet
16 Rue des Francs Bourgeois, Paris 3ème

APPEL À LA FRATERNITÉ

LA France a choisi, comme grande cause pour 2004, la Fraternité,
"**FRATERNITÉ** *du sentir, du dire et du faire.*" précise l'Appel.[1]
POUR que chacun participe " au vouloir vivre ensemble."
TOUT état de nature conduit à la rivalité entre frères.
LE succès de l'autre peut, néanmoins, être source de réjouissance. …
MONDE, sois le terreau de toutes nos utopies positives !
POUR Sénèque : " *Vivre, c'est être utile aux autres.*"
TOUTE la gageure de la Révolution est dans notre devise.[2] …
RACE, sois notre unique référence : celle de notre humanité !
TOUTE recherche de mimétisme est mère de l'exclusion. …
RELIGION, sois un rappel à l'Espérance, la Fidélité, l'Amour
QU'ÉCLAIRE la relation entre Moïse et son aîné Aaron.
LE défi est dans la pratique : sourire, accueil et générosité. …
SOLEIL, brille dans le cœur de chacun, pour notre fête entre voisins[3] !

GéLamBre Février 2004

1 : *Appel lancé en 1999 par une centaine de personnalités avec le soutien du Journal de l'Action Sociale.*
2 : *"Liberté, Égalité, Fraternité" devise proposée dès 1790 et adoptée (définitivement ?) en 1880.*
3 : *Chaque année, fin mai.*

* VERTICALEMENT : *propos de JULES MICHELET (1798 - 1874), auteur de " Histoire de la Révolution."*

Berthe MORISOT : Le berceau (1872)

Musée d'Orsay - Paris

BONNE FÊTE MAMAN

Bonne fête maman.
Dans la lointaine Antiquité de Rome,
Un jour spécial pour les matrones.

Bonne fête maman.
Marie comblée par le Seigneur
A donné naissance au Sauveur.

Bonne fête maman.
Des funestes tranchées de Verdun,
Envoi de cartes par les soldats américains.

Bonne fête maman.
Officialisation au milieu du vingtième,
Avec médailles, petits cadeaux et poèmes.

Bonne fête maman.
Nul besoin de ces repères historiques !
Je te dis, chaque année, avec un plaisir unique :

Bonne fête maman.

GéLamBre 2003

Fernand LÉGER : 14 juillet 1914
Musée National Fernand LÉGER
BIOT (06 - France)

FÊTES NATIONALES RIVALES

GéLamBre 2003

Faut-il remercier Jules Grévy,
Enrochant le quatorze juillet
Très haut parmi les jours chômés ?
Etendard, la Fête Nationale
Stimule l'esprit patriotique.

Nos fanfares claironnent à satiété :
"**A**llons Enfants de la Patri…i…e…"
Tous les citoyens sont ravis ;
Ils luttent pour la Liberté !
On défile, on reçoit, on danse…
Nul souci de changer les paroles
Acerbes de La Marseillaise !
Le "sang impur " doit couler
Et la France va se déchirer.
Sauverons-nous la Fraternité ?

Reste-t-il une volonté commune ?
Indépendance est sur les lèvres.
"**V**ivement qu'on soit entre nous !",
Au risque de futures scissions.
La reconnaissance des cultures
Est facteur de paix ; néanmoins,
Sur dix peuples, neuf sont méprisés !

Vitrail de la Résurrection (1542)
Église St-Patern à Louvigné de Bais (35 - France)

FÊTES CHRÉTIENNES :

	Page :
La Chandeleur : Fin du cycle de Noël et fête des chandelles. *(Cierges bénis par le prêtre)*	33
Le Carême : les 40 jours avant Pâques. *(En souvenir du temps de Jésus dans le désert)*	34
Pâques : Fête de la Résurrection de Jésus.	37
L'Ascension : Fête de la montée de Jésus au ciel.	38
La Pentecôte : Fête de la venue de l'Esprit-Saint pour les Apôtres.	41
L'Assomption : Fête à Marie, mère de Jésus. *(Dogme proclamé en 1950)*	38
La Toussaint : Fête de tous les Saints et des défunts.	42
Noël : Fête de la Nativité (Naissance de Jésus). *(La 1ère crèche fut installée par Saint François d'Assise vers 1223)*	45

**Godefridus Schalcken :
Boy with pancake (vers 1670)
Musée de Cologne (Allemagne)**

LA CHANDELEUR, QUE DU BONHEUR

Le vieux Siméon a vu le Sauveur.
Avant de mourir, il n'a plus peur.

Chandeleur aux chants d'oiseaux,
Hiver, ton temps est clos.
Année nouvelle est bienvenue;
Naissances nombreuses sont attendues.
Dès le redoux, les villageois
Emplissent leurs jardins de petits pois.
Les prêtres ont béni les bougies;
Et c'est à qui a la flamme la plus jolie !
Une lumière pour éloigner les malheurs,
Renouvelée à chaque Chandeleur.

Que sautent les crêpes au beurre !
Une sur l'armoire : pas de pleurs !
Et beaucoup pour les enfants rieurs !

Des sous, j'en aurai toute l'année :
Une pièce en main, ma crêpe n'est pas tombée.

Beaux soleils en miniature,
On vous mange avec de la confiture.
N'oubliez pas les gens du quartier ;
Hâtez-vous jusqu'à Mardi-Gras d'en distribuer.
Echangez, par tous moyens, vos recettes ;
Utilisez du sarrasin pour les galettes.
Retrouvez-vous en famille pour la fête.

GéLamBre 2003

KIPPOUR CARÊME ET RAMADAN*

"**K**ol Nidrei[1]" psalmodient les Juifs réunis ;
Ils invoquent l'entière absolution
Pour leurs manquements de l'année écoulée.
Promesse de pardon, **Yom Kippour** est jour d'expiation ;
On se prive, on jeûne, on se mortifie :
Une poignée de lentilles et un œuf dur,
Raisin blanc et aliments chargés d'augures.

Chaque printemps, les Chrétiens faisaient **carême**.
Au *Mercredi des Cendres*[2], le jeûne était rigoureux :
Restes de pain et légumes pendant quarante jours
Exceptés les dimanches, jours bénis de Dieu.
Mais les prescriptions ont été assouplies
Et de la pénitence, certains n'ont pas même gardé l'esprit.

En jeûnant, l'homme retrouve l'état naturel du cueilleur
Toujours en quête de nourritures terrestres et spirituelles.

Rien de solide ni de liquide ne doit être absorbé,
Au mois de **Ramadan**, par les fidèles Musulmans
Mis à l'épreuve durant le lent périple du soleil.
Aussi, *l'harira*³ du Maghreb a un goût sans pareil.
Dans la pleine nuit, les invités sont nombreux
Au grand repas… C'est écrit : Partageons
Notre gain quotidien avec plus malchanceux.

**Jérôme BOSCH : Carême de Saint-Antoine
Musée du Prado (Madrid - Espagne)**

* *À voix haute* : ***Qui, pour Carême et Ramadan ?***

1 : Kol Nidrei = chant de veillée de Yom Kippour (en septembre-octobre)

2 : Mercredi des Cendres = début du Carême ; on évoque la mort.

3 : Harira = soupe typique pour la rupture du jeûne (El ftour)

GéLamBre 2003

Vitrail de Jean-Pierre Demierre : Résurrection

Chapelle de l'Adieu à Saint-Aubin (Suisse)

PÂQUES, LE GRAND PASSAGE

Premiers nés d'Israël, vous avez échappé
Au massacre de l'Exterminateur Yahvé.
Que retient-on de votre sortie d'Égypte ?
Un passage miraculeux des flots abrupts
Et le sceau du sang des agneaux
Sur les montants de vos portes et leurs linteaux.

La Pâque, première fête du calendrier hébraïque,
Est aussi clé de voûte de la foi catholique.

Gravissant le Golgotha, Jésus, le "roi des Juifs"
Repense à ses apôtres et à leur désarroi…
Agneau de Dieu, candide, il mourra sur la croix.
Nul n'a compris ce message qui peut paraître hâtif :
"**D**étruisez ce temple ; je le relèverai en trois jours."

Pâques ! Christ est ressuscité ! Il est passé
A une vie nouvelle : les femmes l'ont attesté.
Ses disciples vont témoigner de ses idées :
Simplicité, attention aux faibles, sincérité,
Amour du prochain, réconciliation, éternité…
Gageure pour tout être humain que de laisser,
En quittant cette vie, un peu plus d'humanité.

GéLamBre2003

ASCENSION, ASSOMPTION ET MIRAJ

Aucune fantaisie orthographique :
Simplement la transcription phonétique
Concernant le voyage nocturne de Mahomet …
En son temps, Jésus avait été soustrait,
Non loin de Béthanie, au regard de ses frères.
Saint Luc relate qu'Il fut emporté au Ciel.
Infini pressenti, cet azur fascine les mortels.
On s'obstine à rêver d'avoir des ailes,
Niant la pesanteur ainsi qu'en montgolfière.

Au terme de sa vie, les anges emportèrent Marie.
Sous sa protection, la France rayonna depuis Corbie*.
Ses fidèles ne croyaient-ils pas en la résurrection,
Ostentatoire rassemblement de tous les moribonds ?
Mais pourquoi tant tenir à cette dépouille charnelle ?
Plus libre sera l'âme, plus la vie sera belle.
Toutes les créatures des Cieux sont incorporelles,
Indéniable atout pour une vie éternelle !
On ne peut cependant s'empêcher d'imaginer
Nymphes, chérubins, séraphins et l'Envoyé.

En 620 , Mahomet effectua le Voyage,
Traversant les nues, à cheval, sans dommage.

Monture ailée, Bouraq fut rapide comme l'éclair.

Il transporta le Prophète, à Jérusalem, la fière ;

Restait à escalader l'échelle de lumière …

Au cours des siècles et suivant leur culture,

Jeunes et vieux se sont composé un ailleurs ou un futur.

GéLamBre 2003

* *Vœu de Louis XIII, à la bataille de Corbie (1638), de consacrer la France à Marie.*

Benjamin WEST : L'Ascension (détail)

Vitrail de la Pentecôte de l'église Saint-Basle
Dombasle (54 - France)

PENTECÔTE

Père tout puissant,

Eclaire le chemin,

Nourris mon esprit,

Traque mes lâchetés,

Elève mon regard. …

Conscience suprême,

Oeuvre pour le Bien. …

Torah et Sermon,

Edifiez l'Humain. …

GéLamBre 2003

DIEU RÉUNIT CEUX QUI SÈMENT

Dieu réunit ceux qui s'aiment. [1]
Il en est ainsi dans la chanson.
Edith Piaf prédit, avec conviction,
Une éternité sans problèmes…

Restons les pieds sur Terre
Et essayons de vivre ensemble.
Un grand amour est-il possible ?
Nul ne souhaite être une cible ;
Il faut chercher ce qui rassemble :
Toute quête de dignité et du Mystère…

Celui qui sème peut espérer
Egrainer de lourds épis.
Une fois au moins, osons dépasser
X préjugés et miser sur la vie…

Qu'adviendra-t-il à la fin des temps ?
Unis par un même destin, les croyants
Imaginent l'Ultime Jugement…

Selon les Saintes Écritures, *Jésus*
*E*scorté de tous les anges trônera. [2]
*M*ille ans sont pour Dieu comme un jour. [3]
*E*t alors la Vérité triomphera. [4]
Nous appelons Parousie ce retour
Tant redouté et … tant attendu !

GéLamBre 2003

1 : Chanson d'Édith Piaf. (1949)

2 : Saint Matthieu XXV

3 : Pierre III

4 : Coran XVIII et XXI

Georges de La Tour : Le Nouveau Né (vers 1648)

Musée des Beaux-Arts de Rennes (35 - France)

C'EST NOËL,
DANS NOS CŒURS CHAQUE JOUR …

C'est grande fête, aujourd'hui sur Terre :

Noël, la naissance de Jésus confirmée

Dans la pauvreté des bergers de Bethléem.

Nos félicitations vont à Marie et nos

Cœurs, par sa confiance, sont attendris.

Chaque famille s'est préparée pour ce

Jour d'amitié, de lumière et de vie.

Car ce petit enfant nous apporte un message :

Noël est signe de l'Amour de Dieu pour nous.

Ô toi, qui que tu sois, je ne te hais point !

Mon voisin, mon ouvrier, mon client est aussi mon

Frère et mon prochain à aimer comme moi-même.

C'est une loi nouvelle à vivre au quotidien. …

L'Amour, ça fait chanter la vie.

GéLamBre Noël 2003

**Étienne DINET : Miniature de RACIM
dans "The Life of Mohammad the Prophet of Allah."
The Paris Book Club (1918)**

FÊTES MUSULMANES :

	Page :
Le Ramadan : Carême ou jeûne musulman. *(Nom du 9ème mois du calendrier lunaire)*	34
L'Aïd el fitr ou Aïd es-seghir : Rupture du jeûne, *(Après la nuit du destin)*	51
L'Aïd el kébir ou Aïd el-Adha : Fête du sacrifice en souvenir de celui de *Ibrahim* (Abraham).	52
Le Miraj : Commémoration du Voyage nocturne (***isra***) du Prophète sur *Bouraq* (le cheval ailé).	38
L'Hégire : Début du calendrier musulman, en 622, année de "***Al-Hijra***" de La Mecque à Médine.	15
L'Achoura : Fête du 10ème jour de Mouharram. *(Hommage à Hussein par les Chiites)*	54
Le Mouloud ou ***Mawlid*** : Naissance du Prophète. *(Célébré dans quelques pays)*	57

Étienne DINET : Prière d'El Fitr
Illustration de " The Life of Mohammad the Prophet of Allah."
The Paris Book Club (1918)

AÏD KOUM SAÏD

Allahou Akbar,   Allahou Akbar,   Allahou Akbar,
Invocations répétées ce matin de l'Aïd el fitr ;
De nombreux fidèles prosternés à la mosquée.

"**K**itab al Coran", la lecture des sourates terminée ;
Obligation du jeûne levée in extremis par les Ulémas
Urgente prière de suppliques en direct de La Mecque
Manifestations joyeuses de convivialité.

Sur de grands plateaux, cornes de gazelles et makrouts.
Assiettes débordantes de zlabias* et de baklawas*.
Impossibilité de téléphoner, lignes encombrées.
Dédicaces, appels aux dons, et, pour l'année à venir, que
de bonnes intentions !

GéLamBre - Tipaza - 25 novembre 2003

* zlabias : beignets enrobés de miel

* baklawas ou baklavas : gâteaux feuilletés aux amandes

L'AÏD EL KEBIR, UNE FÊTE À DÉCOUVRIR

Le patriarche Abraham, de sa servante,

Avait un fils, Ismaël : pratique courante.
Il s'apprêtait à immoler son garçon.
Dieu lui suggéra une autre libation

Et le sang d'un animal en serait l'offrande ;
Les familles se partageraient la viande.

Kébir, le bélier s'était pris dans un buisson.
Ebahi, Abraham profita de l'occasion !
Bel animal, en effet, que ce mouton !
Il comblerait l'Éternel et les sacs à provisions.
Rituellement, le vieil homme … l'égorgea.

Une telle histoire relatée dans les Écritures
Nous incite à délaisser des pratiques obscures
Et à respecter la vie … de tout être humain.

Fin du sacrifice d'un membre de la famille
Et même de l'esclave ou de la fille…
Tel est le sens de ce récit pathétique,
Echafaudage des peuples antiques.

À présent, avons-nous des droits sur notre prochain ?

De sa vie, nous ne disposons pas ; c'est certain !
Echafaud, chaise électrique, pierres pour la lapidation,
Corde pour la pendaison sont des abominations.
Or combien sont soumis à de telles sentences ?
Une vraie justice ou une soif de vengeance ?
Vaillamment, en ce jour de commémoration,
Réagissons et affirmons nos convictions.
Il importe peu que le garçon était Ismaël ou Isaac.
Reste la grande fête, la musulmane Pâque.

GéLamBre 2003

**Laurent de LA HYRE : Le sacrifice d'Abraham (1650)
Musée des Beaux-Arts de Reims (51 - France)**

ACHOURA, JEÛNE OU FESTIN,
UN CHOIX DÉLICAT.

"*Au nom de Dieu, rassemblez-vous.*"
C'est par ces mots que le meneur de jeu
Habilement, invitait les jeunes et les vieux.
On allait tous écouter son bagout…
Un vacarme emplissant le *méchouar*
Regroupait les gens autour d'un grand feu.
Achoura était ainsi fêtée dans notre douar.

Jeha "l'homme à la mule" jouait de l'*aslawi*
Et Souad vantait "la drogue pour avoir des enfants".
Une mascarade nous invitait au défoulement.
Nous y devinions des amis, des parents,
Et de leurs pitreries, nous avons joui.

On dit commémorer l'arrivée à Médine,
Une ville sans pareil, de notre prophète.

Fuite ou émigration prévue, La Mecque
Est, pour un temps, délaissée par Mahomet.
Son départ connu sous le nom de l'Hégire
Tranche en faveur du calendrier lunaire.
Il faut bien une pleine et artificielle
Nuit pour cette parenthèse dans notre quotidien.

Une futilité pour les *partisans d'Ali*
Naguère éprouvés par le martyre d'*Hossein* !

C'est cet enfant qui, pour eux, doit être
Honoré en ce début de *Moharram.*
Outre le jeûne, certains se flagellent.
Improbable rachat des massacres
Xénophobes de *Karbala* en l'an soixante*.

Difficile de connaître l'exacte vérité :
Et si cette fête avait des origines
Loin avant la révélation de l'Islam ?
Il nous faut admettre qu'en tous temps
Chacun s'est adressé aux divinités
Avec l'espoir de voir ses désirs exaucés :
Temps qui convient, force, descendance et …*baraka.*

GéLamBre 2003

Méchouar : place royale
Aslawi : courge
Partisans d'Ali : Chiites
Hossein : petit-fils du prophète
Moharram : premier mois du calendrier musulman
Karbala : ville près de l'Euphrate (Irak)
* 59,8 selon la formule H = (G-622) x 33/32
Baraka : chance

LE CORAN,

TRADUIT DE L'ARABE,

ACCOMPAGNÉ DE NOTES, ET PRÉCÉDÉ

D'UN ABRÉGÉ

DE LA VIE DE MAHOMET,

Tiré des Écrivains Orientaux les plus estimés.

Par M. SAVARY.

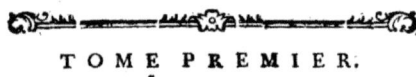

TOME PREMIER.

A PARIS,

Chez { KNAPEN & Fils, Impr.-Libraires de la Cour des Aides, au bas du Pont Saint-Michel. ONFROY, Libraire, Quai des Augustins.

M. DCC. LXXXIII.
Avec Approbation & Privilège du Roi.

Livre de Étienne SAVARY (1783)

UN DESTIN OPPORTUN

Un triple siècle après Constantin,
Naissance de Mohammad, un matin.

Début d'un mirifique destin.
Et pourtant, que de jours incertains :
Séparation de son père, sans potin ;
Travaux auprès des bêtes à crottin ;
Incompréhension des Mecquois hautains ;
Nœud, après le jeûne, des intestins …

Or, meilleure fortune, Il obtint :
Prise de bénéfices sur le satin ;
Passions pour les cheveux châtains ;
Occasions nombreuses de festins ;
Révélation du Message opportun ;
Triomphe d'une dynastie sans scrutin …
Usant de son vertueux baratin,
Nabi, le Prophète, sut être import<u>ant</u> !

GéLamBre 2003

La tribune du Rabbin
Synagogue de Cavaillon (84 - France)
Photo de Véronique Pagnier

FÊTES JUIVES :

	Page :
Pourim : Fête en l'honneur de Esther, victorieuse de Aman, ministre de Assuérus.	66
Pessah : Pâque juive, en souvenir des premiers-nés épargnés par l'Ange de la mort.	37
Chavouot ou Shavouot : Pentecôte juive. *(Cinquante jours après Pessah)*	65
Rosh Hashana ou Rosh ha-Shana : début de l'année juive.	15
Yom Kipour : Jour du Grand Pardon. *(Jour des expiations et sans aucun travail !)*	34
Souccot ou Soukkot : Fête des tentes ou des cabanes, en souvenir de l'exode d'Égypte.	69
Hanoukah : Fête des Lumières en l'honneur de Judas Maccabée victorieux de Antiochius.	63

Edwin Long : Esther (1878)
National Gallery of Victoria de Melbourne (Australie)

HANOUKAH ET POURIM

Hanoukah, victoire de Judas Maccabée sur Antiochius.

An moins 165, le Temple à nouveau retrouvé.

Noirceur des nuits vaincue par la lampe à huile

Offrant sa clarté sans se consumer

Un miracle à toujours commémorer …

Kilos de beignets et de galettes de patates ;

Avalanche de cadeaux pour les chérubins.

Hanoukah, l'épée vengeresse du courageux Judas.

Et pourquoi pas une héroïne dans notre Histoire ?

Tous les moyens pour Yahvé sont opportuns.

Pourim, victoire de Esther sur le maudit Aman,

Obtenant sa disgrâce du roi Assuérus.

Un retournement suivi de vengeances.

Réjouissances du lendemain, festins et chants,

Ivresse d'une joie partagée devant Dieu,

Massacre des pantins aux têtes de vaincus.

GéLamBre 2020

Gustave DORÉ : Moïse descendant du Sinaï.
La Bible illustrée (1866)

CHAVOUOT

Cela faisait cinquante jours que nous avions fêté Pessah.

Habituellement on se retrouvait tous en ville

Avec nos récoltes de légumes primeurs et de fleurs.

Vrai bouquet et brioche (*Kauletch*) sur chaque table,

On accueillait les **Dix Paroles** dès la première veillée.

Unis et debout, on se tenait face au lecteur *(Séfer Torah).*

On ne comprenait pas tout mais, avec les années qui passent,

Toutes ces prescriptions ont une plus grande signification.

GéLamBre 2020

YOM KIPPOUR, LA FÊTE DU RETOUR

Yiékhaper âlékhém : Il pardonnera !
Osée l'a dit : « *Le peuple est infidèle*
Mais *le Saint ne viendra pas avec fureur.*» [1]

Kippour est une fête pour Dieu.
Il faut se conformer aux rites :
Pas de chaussures en cuir, ni de parfum.
Point d'éclats de voix ou de lumière.
Obligation de se rassembler pour **Kol Nidré**,
Une formulation d'annulation des vœux non tenus,
Réserve faite des serments et devoirs citoyens.

Les nombres sont en bonne place :
Aux 613 commandements [2], le fidèle ajoute son engagement [3].

Fête entre toutes, Kippour justifie l'abstinence
Et le port des plus beaux vêtements.
Toutes les communautés ont leurs coutumes
Et à Djerba en Tunisie, on sacrifie des poulets.

Devons-nous nous y conformer ainsi qu'aux rites ?
Une chose est essentielle : notre espérance.

Retour des hommes vers Dieu …
Et prise de conscience de nos fautes.
Tromperies, médisance, immoralité, manquements, …
"**O**r vous qui vous rappelez à Yavhé,
Usez de persévérance, jusqu'au
Retour de Dieu vers Son peuple " ⁴

GéLamBre, décembre 2003

Rabbin soufflant dans le *chofar* (corne de bélier)

1 : Osée 11 ; 7/9

2 : 613 ***mitsva*** ; ce nombre correspond à 365 jours plus 248 parties du corps.

3 : Le ***Neder*** c'est à dire l'importance du **vœu** (de la parole donnée)

4 : Isaïe 62 ; 6/7

Loulav : Bouquet traditionnel

Cédrat, palmier, saule et myrte

Photo de Didier LONG

SOUCCOT

Souccot, la fête des Cabanes ou des Tentes.

On commémore l'exode d'Égypte et ses abris rudimentaires.

Un festin joyeux avec les produits des récoltes : raisins...

Cédrats sont en bouquets avec palmier, saule et myrte ;

Ces bouquets qu'on agite lors des lectures et des prières.

On marche en procession autour de la **Bimah**, la chaire.

Tout devient universel en évoquant les 40 Nations de la Terre.

GéLamBre 2020

LA GRANDE MOSQUÉE D'ALGER VA COÛTER UN MILLIARD D'EUROS

AU LIEU DE CONSTRUIRE DES HÔPITAUX, ON VA PRIER POUR NE PAS TOMBER MALADE !

Dessin humoristique de DILEM (29 février 2012)

Photo de DILEM
parue en Août 2006
dans le journal *Marianne*

BONUS :

Réflexions, Hommages et Encouragements.

	Page :
Yennayer : Nouvel An amazigh (berbère) par Yacine BARA.	75
La Règle d'or de Jésus. *(Lecture des Évangiles)*	77
Paix sur Terre. *(Attaque de l'Irak par les U.S.A.)*	79
Hommage à Fernand. *(Décès d'un Ami)*	81
Abdenour, le Converti. *(Rencontre fortuite)*	83
Fête des Pères : (En France, depuis 1968) par des Élèves de L'École Notre-Dame de Redon.	85
L'acrostiche par elle-même par Nelly JOHNSON.	87
Prière du Mahatma GANDHI.	88

**Carte de Bonne Année
Denis MARTINEZ ***

* Voir le Magazine "L'Histoire." (2018) :
*Les Berbères.
De Saint-Augustin à Zinedine Zidane.*

YENNAYER

Considérée comme la seule fête non religieuse commune à tous les peuples d'Afrique du Nord, Yennayer renvoie au premier jour de l'an Amazigh ; le mot est composé de *Yen* qui signifie premier et de *Ayur* qui signifie mois ou lune, ce qui veut littéralement dire **premier mois de l'année**, *"Ighef n usseggas"* ou *"tibbura n ussegas"*. Il est communément annoncé par l'adage *"Ad fghen iberkanen ad kecmen imellalen." (Des jours noirs, aux jours blancs.).* Cet événement ancestral est célébré chaque année par tous, chacun à sa manière et suivant ses dispositions.

À ce propos, sur le plan festif, cet événement, qui était jadis limité aux régions berbérophones, est devenu, avec la prise de conscience des populations, une fête célébrée sans complexe à travers tout le territoire de Tamazgha. Durant cette journée, on procède à la première coupe de cheveux des garçons, comme on élague aussi les arbres des branches dévitalisées. Quant au repas, il est tout bonnement introduit par un sacrifice d'un coq *"asfel"*, destiné à chasser le mauvais sort et à le conjurer, d'où l'expression *"S yidem ad yefagh lhem"*. Le plat par excellence est le couscous arrosé d'un bouillon de volaille et composé de sept variétés de légumes secs *"Aseqqi bu seb3a isufar"*. En plus de sa valeur symbolique, il constitue un facteur de cohésion sociale entre les membres de la famille et les habitants d'un même village, tant il est vécu sous le signe du bonheur, du partage et de la convivialité.

Yennayer est donc fêté le 12 janvier de chaque année, ce qui correspond, à peu près, au 1er janvier du calendrier julien. C'est en 1980 que L'Union du Peuple Amazigh (Association basée à Paris et présidée par Ammar Negadi) a fixé les premières manifestations de la civilisation berbère en l'an 950 avant notre ère en référence au règne du Pharaon Sheshonq 1er.
.

Yacine BARA - Yennayer 2970 (Janvier 2020)

**Les Quatre Évangélistes,
par Jacob JORDAENS (1625-1630),
Musée du Louvre (Paris)**

LA RÈGLE D'OR DE JÉSUS

TOUT, pour l'Homme, n'est pas permis.

CE cadre, nos aïeux l'ont établi.

QUE laisserions-nous à nos petits ?

VOUS soulevez un vrai défi.

VOULEZ-vous de l'Évangile tirer parti ?

QUE disait Jésus à ses amis ?

"***LES*** *artisans de paix seront bénis.*

HOMMES*, que tous les jours de votre vie,*

FASSENT *de vous le sel que rien n'affadit.*

POUR *distribuer l'aumône et dire merci,*

VOUS *vous garderez d'être applaudis.*

FAITES *peu de cas de vos soucis :*

LE *ver et la mite consument vos trésors d'ici.*

VOUS *prierez Dieu après avoir remis*

MÊME *les manquements les plus honnis.*" *

POUR vivre, avec nos parents, une éternelle Vie,

EUX, ils nous ont transmis les clés du Paradis.

GéLamBre 2003

* *D'après le Sermon sur la Montagne (Matthieu 5, 6 et 7)*

Sculpture symbolisant l'amitié entre les Communes de Châteaubourg (35 - France) et Iffeldorf (Bavière - Allemagne)
Œuvre de Loïc JEULAND (2014)

PAIX SUR TERRE

"**P**acem in terris*", c'est l'encyclique
Appelant, à plus de tolérance, les Catholiques,
Imaginant une fraternité utopique,
Xénophile, dans un monde idyllique.

Sûre de sa toute-puissance, l'Amérique**
Use de bombardiers diaboliques,
Rejetant d'avance toute critique.

Trahison des principes démocratiques !
Exaltation d'une Vérité unique !
Recherche d'un monopole économique !
Rancœur des populations islamiques !
Et inévitablement, de nouveaux **"hic"** !

GéLamBre 20 Mars 2003

* *Texte de Jean XXIII publié en 1963*

** *Le 20 mars 2003, les troupes américaines de George W. Bush attaquent l'Irak de Saddam Hussein...*

**Jardins familiaux de Hautepierre : vue aérienne.
Conçus par l'urbaniste Pierre Vivien,
réalisés à partir de 1977.
et gérés par l'Association des Jardins ouvriers
de Strasbourg ouest.**

Photo F. Zvardon (Crdp-Strasbourg)

FERNAND, IL RESTERA DE TOI CE QUE TU AS SEMÉ

FERNAND, je ne me suis jamais autorisé à te dire Tu ;

IL a fallu attendre que la mort t'ait eu !

RESTERA-t-il de notre parcours plus que des souvenirs

DE jardinage, de balades et de plaisirs d'offrir ?

TOI, l'amoureux des belles choses, tu étais fier de Vitré,

CE chef-lieu que tu as balayé, goudronné, agrémenté.

QUE ta simplicité nous détourne du superflu ;

TU nous laisses ton chez toi et ce que tu as vécu.

AS-tu encore une attention à ce que tu as

SEMÉ dans tes parterres et dans tes pas ?

GéLamBre - 11 Novembre 2008

Bernard-Rougier :
Les Territoires conquis de l'islamisme.
Presses Universitaires de France - 2020

ABDENNOUR

Abdennour, tu es catalogué mais tu l'as bien cherché !

Bravant les passants, tu arbores qamis et longue barbe.

Devant la mosquée *"La Lumière"*, c'est toi qui captes les regards.

En fidèle, tu te présentes à la prière commune "avec pudeur".

N'est-ce pas de la vanité de porter ainsi "le vêtement du Prophète" ?

Nous autres, croyants, demandons à Dieu de nous guider.

Or toi, le converti, tu prétends détenir l'exacte Vérité …

Une étude des hadiths en montre pourtant de très discutables.

R*ien ne sera perdu. Chacun répondra de ses œuvres.* *

* Coran (Traduction de Savary : La Montagne.)

GéLamBre 2011

Opération Trans'arts (2020-2021)
CRAC (Commission régionale des Arts et de la Culture)
Bretagne (France)

BONNE FÊTE PAPA

Bienveillance et tendresse dans tes yeux.
Où que je sois, je sais que je peux compter sur toi.
Nuit et jour, tu es là pour ton enfant que tu chéris.
Nous sommes liés, pour la vie, par notre sang ou notre amour.
En plus de cela, tes qualités d'homme et de père sont extraordinaires.

Formidable et unique, tu es le meilleur de tous les pères.
Exemplaire, ton comportement est pour moi un vrai modèle.
Tu es mon référent, mon confident, mon protecteur.
Entier, sincère et fidèle, je t'admire et je t'aime.

Pour moi, tu seras toujours un véritable héros.
A ta force, ton courage et ta personnalité je dédie ces mots.
Par ta patience et ton regard éclairé, tu guides mes pas.
Aujourd'hui papa, je te souhaite de tout mon cœur une
bonne fête.

Élèves de l'École Notre-Dame de Redon (35 - France)

ISLAM
CHRISTIANISME
JUDAÏSME
CATHOLICISME
BOUDDHISME
PROTESTANTISME
ATHÉISME

ACROSTICHE proposé par l'Observatoire de la LAÏCITÉ

https://www.fonction-publique.gouv.fr/lobservatoire-de-la-laicite

**POUR VOUS DONNER
L'ENVIE DE JOUER AVEC LES MOTS :**

ACROSTICHE
EN
ACROSTICHE

Acrobatie de la phrase

Celle avec ou sans emphase

Rimant avec le bon mot

Obéissant, il le faut

Souvent aux rites du langage

Trouvé à travers les âges.

Immense joie est donnée

Celle de pouvoir s'accorder :

Hardiesse du vocabulaire,

Espérer pouvoir lui plaire ...

Nelly JOHNSON

http://poesie.acrostiche.free.fr/hist.html

PAROLES DU MAHATMA GANDHI

« *Mon Dieu*
Si tu me donnes de l'argent, ne me prends pas mon bonheur ;
Si tu me donnes la force, ne m'enlève pas le pouvoir de raisonner ;
Si tu me donnes le succès, ne m'ôte pas l'humilité ;
Si tu me donnes l'humilité, ne m'ôte pas ma dignité ;
Aide-moi à connaître l'autre aspect des choses.

Mon Dieu enseigne-moi que la tolérance est le degré
Le plus élevé de la force, et que le désir de vengeance
Est la première manifestation de la faiblesse.
Mon Dieu, ne me laisse pas enivrer par le succès si je l'atteins
Ni me désespérer si j'échoue.
Fais-moi plutôt me souvenir que l'échec est l'épreuve
Qui conduit au succès.

Mon Dieu, si tu me dépouilles des richesses, laisse-moi l'espérance
Et si tu me dépouilles du succès, laisse-moi la force de volonté
Pour pouvoir vaincre l'échec.
Si tu me dépouilles du don de la santé,
Laisse-moi la grâce de la foi.

Mon Dieu enseigne-moi à aimer les autres comme je m'aime
Moi-même ; et à me juger comme je juge les autres.

Mon Dieu aide-moi à dire la vérité en face des forts
Et à ne pas mentir pour m'attirer les applaudissements
Des faibles – Amen »

Prière du Mahatma Gandhi proposée lors de la journée inter-religieuse, à Lens (Diocèse d'Arras - France) le 12 avril 2008.

Horloge astronomique de PLOËRMEL (56 - France)

(Construite par Frère Bernardin vers 1855)

https://www.facebook.com/watch/?v=1485925901452918

UTILITAIRES

	Page :
Fêtes de l'année 2021	92
Fêtes de l'année 2022	93
Fêtes de l'année 2023	94
Fêtes de l'année 2024	95
Fêtes de l'année 2025	96
Autres Fêtes (à noter)	97
Calendrier perpétuel *Présentation du Logiciel Calendes*	99

Fêtes de l'année 2021 (Sélection-GéLamBre)

Vendredi 1er Janvier = Jour de l'an
Mardi 12 Janvier = Yennayer ou Nouvel An berbère
Mardi 2 Février = Chandeleur (Chrétien)
Mardi 16 Février = Mardi Gras
Dimanche 21 Février = 1er Dimanche de Carême (Chrétien)
Vendredi 26 Février = Pourim (Juif)
Samedi 20 Mars = Équinoxe de printemps
Dimanche 28 Mars = Pessah (Juif) + Rameaux (Chrétien)
Dimanche 4 Avril = Pâques (Chrétien)
Lundi 5 Avril = Lundi de Pâques (Chrétien)
Mardi 13 Avril = Jeûne du Ramadan (Musulman)
Mardi 20 avril = Printemps berbère
Samedi 1er Mai = Fête du travail
Samedi 8 Mai = Fête de la victoire de 1945
Jeudi 13 Mai = Aïd el Fitr (Musulman) + Ascension (Chrétien)
Lundi 17 Mai = Shavou'ot (Juif)
Lundi 24 Mai = Lundi de Pentecôte
Dimanche 30 Mai = Fête des Mères
Lundi 21 Juin = Solstice d'été
Mercredi 14 juillet = Fête Nationale
Mardi 20 Juillet = Aïd el Kébir (Musulman)
Mardi 10 Août = Jour de l'Hégire (Musulman)
Dimanche 15 Août = Assomption (Chrétien)
Jeudi 19 Août = 'Achoura (Musulman)
Mardi 7 Septembre = Rosh Hashana (Juif)
Jeudi 16 Septembre = Yom Kippour (Juif)
Mardi 21 Septembre = Soukot (Juif)
Mercredi 22 Septembre = Équinoxe d'automne
Mardi 19 Octobre = Mouloud (Musulman)
Lundi 1er Novembre = Toussaint (Chrétien)
Jeudi 11 Novembre = Armistice de 1918
Lundi 29 Novembre = Hannouka (Juif)
Mardi 21 Décembre = Solstice d'hiver
Samedi 25 Décembre = Noël

Fêtes de l'année 2022 (Sélection-GéLamBre)

Samedi 1er Janvier = Jour de l'an
Mercredi 12 Janvier = Yennayer ou Nouvel An berbère
Mercredi 2 Février = Chandeleur (Chrétien)
Mardi 1er Mars = Mardi Gras
Dimanche 6 Mars = 1er Dimanche de Carême (Chrétien)
Jeudi 17 Mars = Pourim (Juif)
Dimanche 20 Mars = Équinoxe de printemps
Dimanche 3 Avril = Jeûne du Ramadan (Musulman)
Samedi 16 Avril = Pessah (Juif)
Dimanche 17 Avril = Pâques (Chrétien)
Lundi 18 Avril = Lundi de Pâques (Chrétien)
Mercredi 20 avril = Printemps berbère
Dimanche 1er Mai = Fête du travail
Mardi 3 Mai = Aïd el Fitr (Musulman)
Jeudi 26 Mai = Ascension (Chrétien)
Dimanche 5 Juin= Shavou'ot (Juif) + Pentecôte (Chrétien)
Lundi 6 Juin = Lundi de Pentecôte
Dimanche 29 Mai = Fête des Mères
Mardi 21 Juin = Solstice d'été
Dimanche 10 Juillet = Aïd el Kébir (Musulman)
Jeudi 14 juillet = Fête Nationale
Samedi 30 Juillet = Jour de l'Hégire (Musulman)
Lundi 8 Août = 'Achoura (Musulman)
Lundi 15 Août = Assomption (Chrétien)
Vendredi 23 Septembre = Équinoxe d'automne
Lundi 26 Septembre = Rosh Hashana (Juif)
Mercredi 5 Octobre = Yom Kippour (Juif)
Samedi 8 Octobre = Mouloud (Musulman)
Lundi 10 Octobre = Soukot (Juif)
Mardi 1er Novembre = Toussaint (Chrétien)
Vendredi 11 Novembre = Armistice de 1918
Lundi 19 Décembre = Hannouka (Juif)
Jeudi 22 Décembre = Solstice d'hiver
Dimanche 25 Décembre = Noël

Fêtes de l'année 2023 (Sélection-GéLamBre)

Dimanche 1er Janvier = Jour de l'an
Jeudi 12 Janvier = Yennayer ou Nouvel An berbère
Jeudi 2 Février = Chandeleur (Chrétien)
Mardi 21 Février = Mardi Gras
Dimanche 26 Février = 1er Dimanche de Carême (Chrétien)
Mardi 7 Mars = Pourim (Juif)
Lundi 20 Mars = Équinoxe de printemps
Jeudi 23 Mars = Jeûne du Ramadan (Musulman)
Jeudi 6 Avril = Pessah (Juif)
Dimanche 9 Avril = Pâques (Chrétien)
Lundi 10 Avril = Lundi de Pâques (Chrétien)
Jeudi 20 Avril = Printemps berbère
Samedi 22 Avril = Aïd el Fitr (Musulman)
Lundi 1er Mai = Fête du travail
Lundi 8 Mai = Fête de la victoire de 1945
Jeudi 18 Mai = Ascension (Chrétien)
Vendredi 26 Mai = Shavou'ot (Juif)
Lundi 29 Mai = Lundi de Pentecôte
Dimanche 4 Juin = Fête des Mères
Mercredi 21 Juin = Solstice d'été
Jeudi 29 Juin = Aïd el Kébir (Musulman)
Vendredi 14 juillet = Fête Nationale
Mercredi 19 juillet = Jour de l'Hégire (Musulman)
Vendredi 28 Juillet = 'Achoura (Musulman)
Mardi 15 Août = Assomption (Chrétien)
Samedi 16 Septembre = Rosh Hashana (Juif)
Samedi 23 Septembre = Équinoxe d'automne
Lundi 25 Septembre = Yom Kippour (Juif)
Mercredi 27 Septembre = Mouloud (Musulman)
Samedi 30 Septembre = Soukot (Juif)
Mercredi 1er Novembre = Toussaint (Chrétien)
Samedi 11 Novembre = Armistice de 1918
Vendredi 8 Décembre = Hannouka (Juif)
Vendredi 22 Décembre = Solstice d'hiver
Lundi 25 Décembre = Noël

Fêtes de l'année 2024 (Sélection-GéLamBre)

Lundi 1er Janvier = Jour de l'an
Vendredi 12 Janvier = Yennayer ou Nouvel An berbère
Vendredi 2 Février = Chandeleur (Chrétien)
Mardi 13 Février = Mardi Gras
Dimanche 18 Février = 1er Dimanche de Carême (Chrétien)
Lundi 11 Mars = Jeûne du Ramadan (Musulman)
Mercredi 20 Mars = Équinoxe de printemps
Dimanche 24 Mars = Pourim (Juif)
Dimanche 31 Mars = Pâques (Chrétien)
Lundi 1er Avril = Lundi de Pâques (Chrétien)
Mercredi 10 Avril = Aïd el Fitr (Musulman)
Samedi 20 Avril = Printemps berbère
Mardi 23 Avril = Pessah (Juif)
Mercredi 1er Mai = Fête du travail
Mercredi 8 Mai = Fête de la victoire de 1945
Jeudi 9 Mai = Ascension (Chrétien)
Lundi 20 Mai = Lundi de Pentecôte
Dimanche 26 Mai = Fête des Mères
Mercredi 12 Juin = Shavou'ot (Juif)
Lundi 17 Juin = Aïd el Kébir (Musulman)
Jeudi 20 Juin = Solstice d'été
Lundi 8 juillet = Jour de l'Hégire (Musulman)
Dimanche 14 juillet = Fête Nationale
Mercredi 17 Juillet = 'Achoura (Musulman)
Jeudi 15 Août = Assomption (Chrétien)
Lundi 16 Septembre = Mouloud (Musulman)
Dimanche 22 Septembre = Équinoxe d'automne
Jeudi 3 Octobre = Rosh Hashana (Juif)
Samedi 12 Octobre = Yom Kippour (Juif)
Jeudi 17 Octobre = Soukot (Juif)
Vendredi 1er Novembre = Toussaint (Chrétien)
Lundi 11 Novembre = Armistice de 1918
Samedi 21 Décembre = Solstice d'hiver
Mercredi 25 Décembre = Noël
Jeudi 26 Décembre = Hannouka (Juif)

Fêtes de l'année 2025 (Sélection-GéLamBre)

Mercredi 1er Janvier = Jour de l'an
Dimanche 12 Janvier = Yennayer ou Nouvel An berbère
Dimanche 2 Février = Chandeleur (Chrétien)
Samedi 1er Mars = Jeûne du Ramadan (Musulman)
Mardi 4 Mars = Mardi Gras
Dimanche 9 Mars = 1er Dimanche de Carême (Chrétien)
Vendredi 14 Mars = Pourim (Juif)
Jeudi 20 Mars = Équinoxe de printemps
Lundi 31 Mars = Aïd el Fitr (Musulman)
Dimanche 13 Avril = Pessah (Juif)
Dimanche 20 Avril = Pâques (Chrétien) + Printemps berbère
Lundi 21 Avril = Lundi de Pâques (Chrétien)
Jeudi 1er Mai = Fête du travail
Jeudi 8 Mai = Fête de la victoire de 1945
Dimanche 25 Mai = Fête des Mères
Jeudi 29 Mai = Ascension (Chrétien)
Lundi 2 Juin = Shavou'ot (Juif)
Samedi 7 Juin = Aïd el Kébir (Musulman)
Lundi 9 Juin = Lundi de Pentecôte
Samedi 21 Juin = Solstice d'été
Vendredi 27 Juin = Jour de l'Hégire (Musulman)
Dimanche 6 Juillet = 'Achoura (Musulman)
Lundi 14 Juillet = Fête Nationale
Vendredi 15 Août = Assomption (Chrétien)
Vendredi 5 Septembre = Mouloud (Musulman)
Lundi 22 Septembre = Équinoxe d'automne
Mardi 23 Septembre = Rosh Hashana (Juif)
Jeudi 2 Octobre = Yom Kippour (Juif)
Mardi 7 Octobre = Soukot (Juif)
Samedi 1er Novembre = Toussaint (Chrétien)
Mardi 11 Novembre = Armistice de 1918
Lundi 15 Décembre = Hannouka (Juif)
Dimanche 21 Décembre = Solstice d'hiver
Jeudi 25 Décembre = Noël

Autres Fêtes :

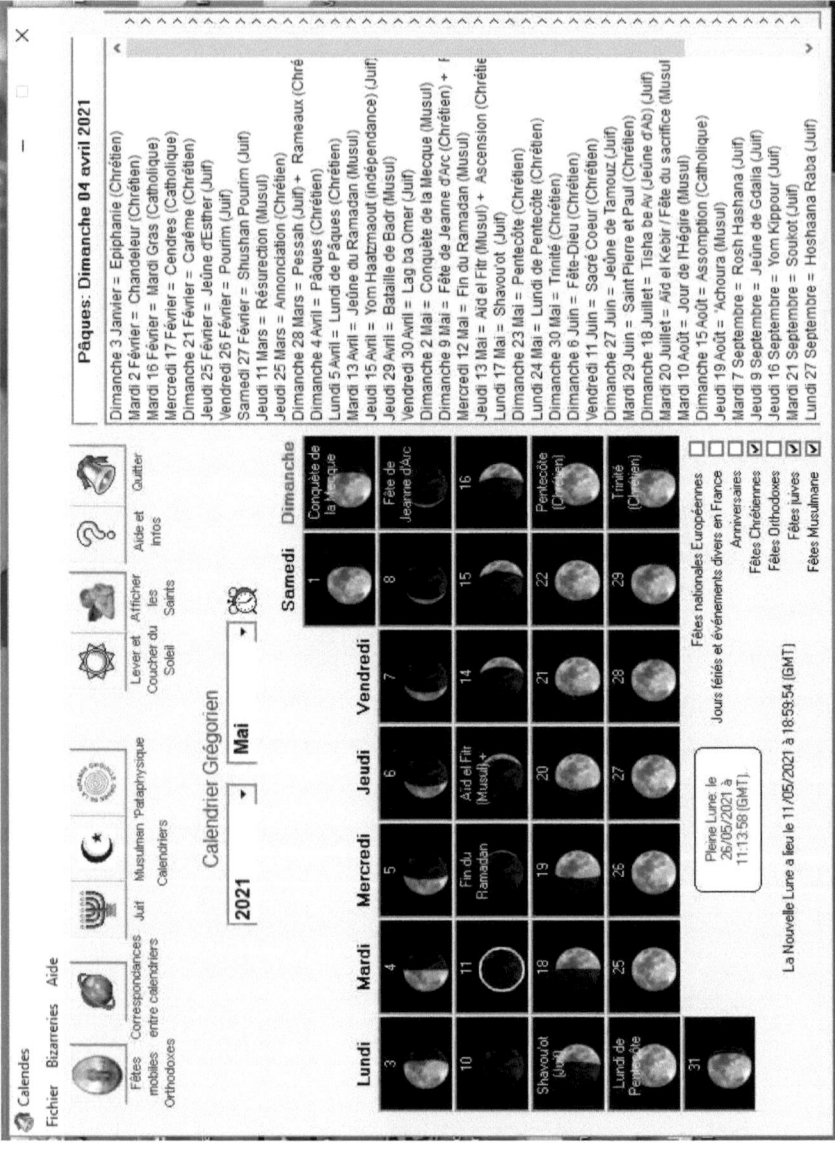

CALENDRIERS ET LOGICIEL CALENDES

Voir Capture d'écran ci-dessus.

Le calendrier "Universel" est le calendrier Grégorien. (du nom du Pape Grégoire XIII)
Il fut adopté en 1582 en Italie, Espagne, Portugal, France, Pays-Bas catholiques
… en 1752 en Grande-Bretagne, Suède
… en 1918 en URSS et en 1924 en Turquie.

Le calendrier Hébreu (calendrier officiel d'Israël) est utilisé par les religions juives à travers le monde.
Les années sont comptées depuis la création du monde qui est réputée avoir eu lieu en l'an 3761 avant J.-C.
Le 1er jour de l'année calendaire "Rosh HaShanah" est le 1er Tishri

Le calendrier Musulman (ou calendrier Hijri) est un calendrier purement lunaire. Il contient 12 mois.
Le calendrier Musulman est le calendrier officiel de certains pays du Golfe. (Arabie Saoudite …)
Les années lunaires sont comptées depuis la *Hijra* qui est réputée avoir eu lieu en 622 (calendrier Julien antérieur au calendrier Grégorien). Le 1er jour de l'année calendaire "L'Hégire" est le 1er Muharram.
NB : Il est établi selon des calculs astronomiques mais certains préfèrent encore observer la lune à l'œil nu !

Les calendriers précédents ont été établis grâce au Logiciel **CALENDES** de Olivier RAVET et Edouard RZEPKA. Leur **Calendrier perpétuel** calcule les fêtes : Catholiques, Juives, Musulmanes, … mais aussi des événements divers du Calendrier (phases de la lune, date des solstices, …) et la conversion entre différents calendriers.

Ce logiciel entièrement gratuit est à télécharger ici : **http://olravet.fr/Info.php**

Notes :

Dans cet ouvrage :

	Page :
Fêtes laïques :	13
Fêtes chrétiennes :	31
Fêtes musulmanes :	49
Fêtes juives :	61
Bonus :	73
Calendriers :	91

Impression : BoD - (Books on Demand)
Norderstedt, Allemagne